El forjamiento de un otoño en penumbra

Andrés Sánchez Rosal

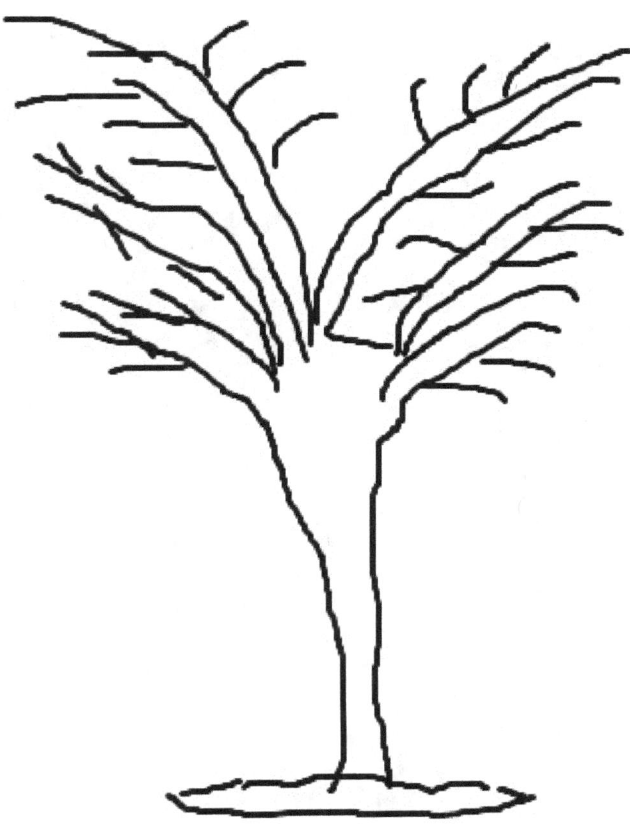

2022

Índice

Introducción

La poesía como un viaje narrativo en el tiempo, donde hace peso la nostalgia de una vida pasajera que contempla las naturaleza en el viento, la luna las montañas andinas, donde se ven pasar amores con ciertos encantos y desencantos, son los valiosos temas del compendio de los siguientes poemas.

Los temas de inspiración en la poesía tienen diversos enfoques y motivos que afectan las emociones y sentimientos del escritor acompañado por las etapas de su existencia su juventud y madures, perviven diferentes visiones de la vida

En este sentido, los siguientes poemas hacen referencia a la soledad, la tristeza y el desamor aunque a veces surgen momentos de alegría y de entusiasmo por que la vida traiga mejores momentos, en la esperanza de un buen porvenir al alcance de todos.

La obra el surgimiento del otoño en penumbra es un grito de esperanza aun en la pena y la tristeza es el contemplar de un porvenir donde está presente la sabiduría y lo espiritualidad en el hombre como formas nobles de resiliencia en la etapas oscuras y luminosas de la vida, porque el hombre también debe estar preparado para vivir sus mejores instantes que le ofrece esta vida.

El espectro en la bruma del desierto

Arrastro mis pies

En el suelo árido

Dejando mis huellas pesadas;

Indescriptibles son mis pasos

Ando perdido en este desierto

Desde el día en que partí

A buscar en un fugaz espejismo

Tu imagen lejana y vaga

¡oh atosigante calor!

No fatigues mi deseo

De volver a verla

Que ya no me importa

Si se esfuma su imagen

Al yo pretender tocarla.

Contemplando el ocaso de un árbol

Las ramas esqueléticas de un viejo árbol

Intentan esconder a la bella luna llena

Radiante y clara, vestida de unas fugaces nubes

La luna sube y deja de ser el fondo

De lo que ayer fue un frondoso árbol

El frio también sube

Y la brisa helada pasa dejándome pensativo

Contemplando una noche que apenas empieza

Con un simple silencio de un día que se va

La palabra huidiza

¿Quién te puede dominar palabra?

Te consumo con habitualidad

Sin poderte asirte

Luna bella oculta en la noche

Nubes dispersas en la noche

Que visten de gala a la luna

Grandioso espectáculo de luz

Maravilloso juego de penumbra

Eres una perla, luna adornada

Al lograr que mi vista se prenda a tu belleza.

La delicada explosión de tu amor

Hoy estoy lleno de juventud

Repleto de emociones y jovialidad

Linda niña, le das ese toque

A mi corazón, ávido de tu presencia

Permite que tus ojos enciendan los míos.

Me faltarían todas las palabras

Para expresarte la intensidad de mi amor

La explosión de mis emociones

Al solo mirarte

El latir vibrante de mi corazón

Al tocarte

Al estremecimiento de mi carne

Al oír tu suave voz

No existen palabras

¡Que sentir tan agudo!

¡Que amor tan agudo y abrasador!

Lluvia la que me apaciguas

La lluvia ha aplacado mis ansias

Cae serenamente como los pasos de un sabio

Los arboles beben encantadoramente el agua

Mientras las aves se esconden en sus tiernos follajes

Y mis emociones de niño se hacen presentes

Dejando a un lado el racional adulto

Con su lógica recurrente y agobiante

Si no fuera por ti mi amada lluvia

A ti te debo mis horas serenas.

La sospecha de una despedida

Perdonar

Agradable palabra

Noble acción

Grande conjugación

Aunque mi corazón gime aun

Esta dispuesto a olvidar

Para seguir palpitando

Con el bienestar interior

Por cada latido

Te has ido

Y contigo te has llevado mis alegrías

Detrás de ti se van las eternas horas que compartimos

¿Me extrañaras?

Insistente pregunta brilla en mi mente

Mientras mi corazón pretende permanecer calmado

Caminare los linderos de la vida

Hallando la manera de olvidarte

De hacerte imagen esfumada

Ídolo derruido

Un ángel llegara a mi vida

Me consolara de todos mis infortunios

Devolverá mi fe perdida en el amor

Junto con la fe llegara

La esperanza de un nuevo día

Grande en emociones y placeres

De risas y paz

La metamorfosis del amor

¿Cómo amarte?

Si has muerto para mí

Ese amor murió en la agonía

Sin embargo vuelve a nacer otro amor

Duradero y abrasante

Lleno de fe y buenas esperanzas

De vida verdadera

El cercano triunfo

Ascender

Llegar a la cima de la gloria

Luchar desde abajo

Con la actitud de un buen combatiente

Alegre enfrentándose a la muerte

La victoria será tan grande

Que empañara el fracaso

Éxitos, fuimos creados

Para ganar

Aquella amada lejana

A ti que aún no me escuchas, hermana mía

Mis ojos solo se complacen en verte

Verte vestida de luz

Brillando sola y lejana

Ausente de mis brazos

¡Oh! Si solo pudiera volver a ver

Tu lindo rostro

Con tu sana sonrisa

Encandelaría mi turbado espíritu

Y si te acercaras de nuevo a mí

Mi respiración se acelera indeteniblemente.

Un matinal palpitar

Esta mañana ha bajado una lágrima

El canto de los pajaritos me consuela

Me han enseñado que ella se irá

Pero otra vez volverá

A ofrecerme sus encantos

Observo tus bellos rizos

De niña juguetona

Mas el fuego de tus ojos

Llamea el ardor de mujer en flor

La gracia de tu voz

El movimiento de tus caderas al andar

De manera tan grácil y galante

Como una princesa medieval

Afectan a este caballero

Que pretende tu amor.

Un pensamiento en aquella juventud que tanto prometía

El viento frio entra en mi habitación

Colándose por la ventana

Hay una luz tenue

Proporciona más oscuridad

Que claridad a los espacios

Y formas

No deseo que la luz apagada

Invade mi mente

Que pretende crear

Logrando que mi corazón se inspire

Y le de vida a mis pensamientos

Y sentires.

La despedida expectante

Mañana te iras

Ahora cuando mi cuerpo

Está repleto del ímpetu juvenil

De encontrar en tu cuerpo

La llama que devore mis fuerzas

Te vas, y en tu despedida

Me consumo en el tiempo

Que no estas junto a mí

La energía se convierte en cenizas

El fuego se apaga

Solo ha muerto otro amor y la estrellas de esta negra noche

Titilan tímidamente

Acompañándome en la pena

De tu partir.

Corramos, sin dejar

Que el cansancio, ahogue

Nuestras esperanzas

Venzamos con todas nuestras

Fuerzas y juventud

Dios está con nosotros

Presto en nuestras angustias

Es necesario mantener la fe

En una nueva vida

Donde nunca será agotador

El regocijo de nuestros corazones

Donde nuestras mentes estarán

Mas lucidas para dialogar y

Entendamos como verdaderos hermanos.

Empieza un día

Cielo multicolor

Grande azul que apagas

La luz rojiza de un amanecer

Diviso un sol tímido

Tras una colina andina

Alegre comienzo de un día

Llenos de cambios y esperanzas

Bañada de formas, colores y juventud

Contento esta mi corazón

De solo verte, bello amanecer.

Dime ahora que no estoy a tu lado

¿Conoces la nostalgia?

Dime si conoces el dolor de

La ausencia

Y la privación de un querer.

Aquella figura deseada

Aún recuerdo con mucha frescura

El talle de tu cintura

Que formaba tú vestido, rojo y nuevo

Recuerdo las palabras lentas y hondas

Que tus húmedos labios pronunciaban

Cuando aquella fría noche

Nos embriagábamos con muchos besos

Mucho vinos, mucha risa

Sentíamos de igual manera

La locura de sentirnos juntos

De abrazarnos y mirarnos

Y la saciedad no se consumía

Dime si cuando estuviste conmigo

Conociste las fronteras del placer.

Acércate más a mí, no temas

Que solo tengo la intención de amarte

Y de sentir tú agradable presencia

En mis alegrías

Aun tus labios dulces

Y los besare hasta el cansancio

He regresado, buscando en ti

El consejo de una amiga

El cariño de una hermana

Y el amor de una mujer

He regresado, porque necesito

Tu compañía, tu calor, tu presencia

Tú has regalado horas amenas a mi vida

Haz motivado con tu agradable personalidad

El amor puro que siento por ti

Avientas la llama de este sentimiento

Que fulgura solo al recordarte

Y que enciendes con olas que queman

Al verte pasar con tu ritmo elegante

Dejo que el tiempo que estoy contigo

Se vuelva eterno

Que el deseo de tenerte a mi lado

Se cumpla sin condiciones

Solo tú y yo

En un pequeño rincón de la tierra

Enamorado y haciendo grande

El amor que compartimos.

Concédame un lugar en tu corazón

Para que compartas tus alegrías conmigo

Para recibir el hermoso cariño que das

Y sentir la agradable presencia de tu sonrisa

Junto con el sentido de tu risa

Bella flor a la orilla del camino pedregoso

Eres tu sencilla como una bella flor

A orillas de un camino pedregosa

Que el viento y tu luz embellecen

Y yo la contemplo como un niño

Que se deja llevar por su armonioso color

Y la fresca fragancia silvestre.

Empiezas abrir tus pétalos

Bello lirio entre yerbajo espinoso

Dejas de ser un pequeño capullo

Despiertas al viento y a la luz del sol

Convirtiéndote en una delicada flor

Llenando el ambiente de color y fragancia

Te has vestido de un brillante morado

Que ilumina mis ojos apagados

Y tu dulce olor

Me ha devuelto la fuerza juvenil

Ya se me hace difícil resistir

Tu agradable encanto, bella flor

Sigue creciendo bajo el poder de Jehová

Y tu belleza será cada día más agradable

A sus ojos.

En la letanía del tiempo

Consumo mis horas pensando en ti

Tú que eres la alegría de mi infancia

Y me agotas

Como cuando corría por las calles de mi pueblo

Con los pies de un muchachito inquieto

Sin ti no sé qué hacer con el tiempo

Cada oscilación del péndulo

Se pierde en la nada

¡Amargura¡

La que envenena los corazones

Sustancia que corroe los dulces sentires

Te agazapas y poco a poco te enseñoreas

De la sensibilidad angelical

Que los hombres poseen por su naturaleza

No hieles, te lo pido, mis nobles sentimientos

De amor verdadero

Perdurable

Palabra que suena larga

En este mundo sin fondo

Impreciso, descolorido e impávido

Pero dime amada mía

Que nuestro amor

Aún perdura.

La llegada del ocaso

La tarde se encuentra plomiza

Las nubes cubren el sol

Las montañas perdieron su verde

El color a la vista es uniforme y monótono

Un azul grisáceo que embarga mi espíritu

Un frio que recorre y penetra atrevidamente

En mi habitación

Aunque el sol no ceja en esperar

El peso de las nubes

Y el naranja tenue presenta la caída de la tarde

Desventurada despedida

Fue muy noble nuestro amor

Pero las oscilaciones de mi ser, la desvanecieron

Se me olvidaba ir al jardín a regar nuestra rosa

Siento que me hieren las espinas del amor

Un corazón desangrado compartido por los dos

Su sangre brota como una fuente del palacio de Versalles

El dulce cariño que me distes

Mis sueños se inflaman y llamean

El no encontrarte cuando duermo.

No llores por mí despedida

Que yo no lo hare.

La rosa que ayer te di

Mañana no será más que un recuerdo

Un recuerdo que volará

Hacia el horizonte

Y se perderá entre esas nubes grises

Que anuncia la lluvia

Al final de la tarde

Y yo estoy aquí contemplando

Esas nubes grises

Esperando las primeras gotas

Mojen mi inquieta cabeza

Que solo vive para recordarte.

Al final de la tarde

Anochece, las nubes cambian

Su violeta claro

Al negro de tormenta

Ellas viajan taciturnas

Hacia el poniente

Dejando el frio invierno

Que invade

El final de la tarde

De un día grisáceo y húmedo

Llega la noche

La bien esperada noche

Del descanso y la meditación

La hora de la conversación hogareña

De la intimidad familiar

Del cierre de un día que se fue.

Pobre poeta

Ser poeta es entregarse al silencio de la noche

Es divagar por la eterna luminosidad de las estrellas

Sentir la mejor música en el fondo del corazón

Y ver en el espacio sideral la infinitud de un pensamiento

Es peligroso querer ser un poeta

La poesía es una dama seductora

Que le robara el corazón a un débil soñador

Convertirá sus sueños en leves agonías.

Desvanecida

Ha caído la tormenta bajo mis lastimosos ojos

Lo único que brota es agua dulce

Que refresca tu vanidad

Mis poemas bajo el argumento del amor

Solo te hacen reír a carcajadas.

Sentir el dolor ajeno

Llorar tus lágrimas

Y compartir la copa de tus amarguras

La agonía se hace más leve

Cuando estamos muy juntos

Como dos hermanos

El uno para el otro

Compartiendo nuestras cargas

Pero teniendo siempre presente

En nuestros corazones

La esperanza de un nuevo día

Que llega con alegría y placeres

De seguir compartiendo

El amor fraterno

Que Jehová nos ordena

Mantener por nuestro bien.

Amor oloroso a cayena

Amor color de azucena

Fragancia perdida entre la hierba

Sueño alcanzado con tristes penas,

Así es tu amor.

Cariño, solo puedo darte esta sencilla

Pero bella flor

Este vagabundo solo posee

Un pequeño corazón

Que encierra un gran sentimiento para ti

Es todo tuyo.

Noche

Oscura y fría noche

Que invitas al silencio

Incansable viajera

Te presentas a mi cada doce horas

Acostumbrada a permanecer

En nuestros descansos.

Cenizas Frías

Mi corazón palpita disonante

Como si fuera perseguido por un torturador

Aceptado socialmente

Mis allegados al verme acorralado y sin salida

Murmuran y gesticulan desaforadamente

¿Será que me hallo perdido en una de mis pesadillas?

Pero si siento llamas que se emiten

Y me tocan quedamente

No diviso al torturador

¿Dónde se halla mi perseguidor?

Ya es tarde, las cenizas vuelan por el aire invernal

¿mi corazón ¿ no se siente su palpitar

Se perdió en el ocaso

Ahora, ¿Qué será de mí? Mi pequeño no existe.

Canto Inicial

Poesía, noble compañera de mis días

Volvisteis para no dejarme jamás

Pobre náufragos de la vida

Alejados esta de la cordura fingida

Que les fueron entregados, al iniciarse las guerras

Sin tregua ni descanso

En verdad, nos habituamos a tu presencia

Que nos consuela de tanta comedia cinematográfica

Y confusión

Aliéntanos, para que no se apague el lenguaje

La alegría que nos proporciona el intelecto

Momentáneamente creemos perderlo junto al espíritu, que

Se parece un poco a ti

Manifiesto

Mi ser admira tu ser

Porque estas llena de fantasía y de querer

Ese querer a alguien que soy yo

Entrándome tu amor al vuelo violento del rayo

Cabalga en el caballo de la esperanza

Esperando de que siempre me ames

Estando en todo tiempo cerca de ti encuentro en ello una alabanza

Una bendición continua olorosa a flores

Ven mi amada, dame tu mano

Y caminemos hacia el porvenir soñado

También mi amor dame fuerzas para mantener lo logrado

En esta vida que tanto nos exige y nos ofrece

Sintiendo la dicha de saber que nuestro amor crece

Y que cada día aprendemos a formar un amor más humano

Despedida melancólica

Ella es la que contiene mi vida

Le pido perdón a Dios por amarla tanto

Pero su amor es lo más honesto que he tenido

Ella es la estrella que tanto buscaba

En tantas lejanías de este universo

La tengo en mis manos temblando

Y no la quiero perder

Mi única alegría es la suya

Su cariño y su ternura me abrigan

Que cuando me alejo momentáneamente me da frio

Yo un ser tan contrariado y complejo

Me atormenta que ella se despida de mí

Mi amada me da miedo la soledad del alma

Quédate, no te vallas.

La ilusa tarde plomiza

Nubes grises y violetas sobre mí andar

Se aproxima la lluvia

Y no hago más que recordarte

El ser tuyo ¿Cómo sería?

Será un sueño o una posibilidad

El que mi amor te inunde

Te colme de emociones gratas

Y alegrías de juventud

Ya llueve y aún sigo pensándote

Las ansias de encontrarte aumentan

Y para desahogar este desespero

Tomo mi lápiz y escribo estas palabras

Que solo tú sabes si es verdadera poesía

O son palabras de un hombre

Que se ha perdido en la ilusión de tenerte

Y que seguirá delirando por tu amor.

La nota fatal

Deja tan solo que te acaricie con mí mirar

Y si nuestros ojos se encuentran

Deja que me pierda en el brillar de tus ojos

En la profundidad de tu aliento

Acércate delicadamente

Aspirare tu olor

Penetras todos mis sentidos

Sin tocarme

Si sonríes al mirarme

Acabare solapado en las alas de tu grandeza femenina

Mis manos se tropezaran con las tuyas buscando el cariño espontaneo

El tuyo mujer añorada

Regálame tu compañía

Solo disfrutare de tu gracia de niña

Escuchare anhelante el eco de tu sonrisa

Mis oídos se conmoverán al escucharte

Tus palabras sencillas y verdaderas

Llenas de inocencia

Mi ángel, es justo el conformarme

Con un minuto de tu dicha compañía.

La tarde en un melancólico café

Bebo muchas tazas de café

Miro el negro líquido

Hasta hundirme en la oscuridad

Ahogado por su efecto en mis versos

Desaparece mi tristeza

De otro amor malogrado

Cubre mis golpeadas emociones

Encendiéndolas con tu aroma

Que me entretenga tu vapor

Hasta que el dolor del corazón

Lo cure las horas de mi adicción a ti

El horizonte es tan profundo y lejano

En la caída del sol

Ya lleva la serena noche

Ya se va el laborioso día

Se siente el cansancio en mi cuerpo

O en mi mente

Y no hago más que contemplar

Las nubes que se van

Con sus cambiantes y magníficos colores

Tonalidades que endulzan mi alma

Que despiertan en mi espíritu

La tranquilidad.

Merodeo a tu alrededor

Buscando que decirte

Mirándote fijamente

intentando decirte algo

por lo menos, con mi furtiva mirada

sin embargo, tu estas ajena a mi situación

mi boca se apaga si me hablas

y mis ojos rehúyen si me miras

intento decirte todo con una mirada.

El infortunio de un encuentro fallido

Solo cúlpame de haberte amado

De poder pensar solo en ti en todo instante

En un acompasado movimiento de tramar un encuentro

Un encuentro frustrado

En donde la amargura limpió mi alma

De un deseo peligroso y vano.

La intensidad de mi ilusión por ti se apago

Desde que mi tristeza se debilito

Aquella tristeza y nostalgia que mantenía viva

 la llamarada de mi amor

Buscando en el desamor la marca distintiva

Ella tiene la capacidad de llevarme al mayor éxtasis

Y al peor estado de depresión y ansiedad

La paso bien pero a la vez el efecto del encuentro es la pura desolación

Lleva consigo el mismo efecto del opio o el alcohol

Y llevo conmigo la marca del adicto

Me gusta pero cuando me abandona se sufre la peor soledad

Todo se trata de eso, de cerrar ciclos y avanzar más allá, siempre libres

Ella la adicción toxica

Ella se volvió toxica

Su vida ha estado envuelta en una bruma cargada de veneno

Que involuntariamente me inyecta y amarga mi existencia

La vida me ha vuelto hipersensible ante el caos de las emociones

Ante tal hecho he de volverme un hombre racionalista

O gritar tal como un loco poeta mi sentimiento desgarrado

Ella esta corrompida, esta leprosa. Ya en ella no permanece nada bueno.

Estoy herido estoy sangrando

Debo retirarme lo más pronto posible, de lo contrario esperare la muerte

A cualquier precio hay que romper el vínculo para que pase la

enfermedad

Es una decisión inaplazable, posponerlo será más doloroso y fatal

Una macabra y fugaz danza

Desearía estar en paz con mis amigos

especialmente, con los más solitarios

esperaría poder dejar algo significativo en ellos

Me deleito en la poesía oscura de Baudelaire

La poesía es el lloro del amor y la alegría de la vida

Solo a través de ella se expresan las emociones

De forma intensa

Un amor que decae

Solo busco la fórmula que me permita

Ahogar este sentimiento de tormenta

Algo que me alivie

Con la sombra del olvido, que ya llego

Y empiezo a respirar con calma

A desatarme de este loco amor

Pues la cordura también se acerca

La razón contra la emoción

La razón se hace fuerte

La emoción se hace febril

Racionalizando la emoción

Logro enfriarlo

Es matar la mala emoción con la sabiduría

Que me hace remontar en la altura y la fortaleza de las águilas

Y el letal juego se acabo

Porque ella se enamoró de todos

Ella lo arruino y se arruino

Representa la ruina

Y la ruina espiritual y emocional

Como ella es la ruina

Al acercarme casi me arruina

Daña cosas preciosas dentro de mí

Se esfumo el interés romántico

El trastorno de ella me enloqueció

Una bella letra quiero expresar

Que me desenamoro por el peso de la crueldad

Y sigo viendo su lado oscuro que antes me atraía

Porque su efecto daña mi espíritu noble

Y borra y estropea el buen sentimiento

Y en tanto sigo alejando a metros y metros

De distancia con la velocidad de la luz

En medio de su cruda crueldad vi su lado sucio

Lo bonito también se esfumo

Ya no existe lo bello que nos unió

Después de su confesión empezó el juego letal sin darme cuenta

Las sospechas se confirman

Con su confesión en tercera persona

No queda más sino alejarme

Antes que mi tonto corazón me traicione

Y creo que mi corazón es peor que ella

Pues se deja engañar como un niño que carece de amor

Bajo la cacería emocional

He caído en tu cruel juego

Me has llevado hasta el final triste y lleno de locura

Aun en mi hondo pesar con mis emociones heridas

Busco escapar aferrándome a mi Dios

Que me cure el dolor

Y sane mis heridas

Con el bálsamo de Galaad

Tu corazón oscuro amenazo mi serenidad y equilibro

Que debí resolver huir, escapar a un lugar seguro donde pudiera cohabitar

con la paz

Ya no vale la pena buscar respuestas donde no las hay (en el mundo de

las emociones, no hay respuestas razonadas o lógicas, el corazón no tiene

a veces razones pues se vuelve contra nosotros volviéndose oscuro)

El deseo nos marchita y nos apaga

Mi vida ha estado llena de tormentas

Hasta que llegaste tú

 y la calma con la serenidad retorno

Momentos de agria lucidez

Quizás pienso en ti esporádicamente

Pero cuando estas presente en mi mente

Tu imagen brilla con mucha intensidad

Y desbordas la capacidad de atención en mis tareas

Que Apenas la siente

A veces la vida está llena de quiebres que transforma la forma del ver el

mundo

Aprendí hacer de las sombras, luz

A plasmar en las figuras sus formas voluptuosas

Al escribir, Como un cartero solo llevo mensajes de otros

Solo escribo para evitar la locura o para caer en el desvarió

Te pierdes en mi realidad pero si logro verte en mis sueños

Un juego que se convierte en una guerra al volverse cruel y vengativa

donde todos sin distingo se hacen daño especialmente a sí mismos

Soñaba en Construir paréntesis para no ahogarme en la intensidad de este

mundo

Al recoger los eventos en mi memoria filtro aquellos que desentonan

robando la armonía y el equilibrio

El poeta filosofo

Benedetti es un poeta sabio

El poeta del tiempo perdido

Donde el presente ya se ha marchitado

Y Leerlo a Benedetti mucho

Es como tomar vino en exceso

El amor consumado

Cuando en el amor existe la rabia, y el querer es inundado por las lágrimas

En su irrupción va calcinando y vuelve cenizas un sentimiento propio

Pues se consume así mismo por la contrariedad.

Reflexión en plena madurez

He aprendido a sentir como un hombre

Como un ser autentico entre la dureza y los desequilibrios de la vida

Y se aprende de forma no gratuita que

Las cosas que le dan sentido a la vida son los sacrificios

Y contigo he cerrado un ciclo de mi vida, que me permite alcanzar la

madurez como una cúspide inalcanzable como el Everest

Donde solo los valientes se arriesgan escalar

La sabiduría de la naturaleza

La literatura a partir de las cosas cotidianas y sencillas de la vida

Una poesía lírica a la manera de Emerson y Wordsworth,

Inspirada en la naturaleza pura

Donde la sabiduría es alcanzable

Él se lleva bien con la soledad

Aquel escritor que se condenó a vivir en la soledad

En la soledad de los espacios marinos y desérticos

Buscando su musa bajo el fondo de aquellos lugares

Hay algo que desgasta dentro de tantas penas

Y ensombrece los rencores que oxida el ser

Es una poesía vaga que eclosiona en si misma

Bajo el rumor de las olas

La serenidad me invade

Agolpándose sobre mí la fuerza del agua

En lo que mis pensamientos se despejan

Y donde mi mente se deja absorber por la brisa marina

Una representación que despierta y se apaga

La dependencia adictiva en pleno drama toxicológico

Lo que implica una encarnada lucha con la situación

Y con el vacío de la adicción heredada

Encontrarme con ella es el encuentro del alcohólico y la botella de ron

Ella me tiende unos hilos la cual pretende dominar mis emociones

Debo cortarlos y alcanzar la libertad

Con las palabras se crea y se destruye el amor

Busco que escribir en el silencio de la noche

Y En el desorden de mis pensamientos veo que se asoma una palabra

Deseo amarte pero me invade un odio destructor que opaca esa imagen

la cual una vez quise seguir con devoción.

A ocurrido la fatal coyuntura de mi débil y estúpido corazón con el lado cruel y cínico de ella, eso es el amor.

Ella ya no representa nada, es la futilidad misma, se desvaneció de mi mente en un solo instante

Ella cobardemente y de forma voluntaria recibe un daño emocional y si es posible les hace daño a los demás hombres
Es el dolor puesto en la reacción en cadena

Y en un despertar la abandono en su tristeza.
Una relación significativa no se basa solo en lo material y el placer, está llena de cosas profundas que le dan a la vida sentido

Reflexiones pasajeras

El hombre está lleno de carencias y necesita alimentarse

Al toparme con tu vanidad me encuentro con mí ser

El amor es un objeto que se vuelve escurridizo en su análisis

El poeta se reconcilia con la vida y le brinda una sonrisa al próximo
amanecer

El poeta logra ver la vida con ironía en medio de sus alegorías

Atreverse a emprender nuevas metas por viejas metas

El arte y la literatura se valen del símbolo como forma de representación

Las aves cantan tras la tormenta
Porque no sentirse libre al aparecer los primeros rayos del sol

Hay que tener fuertes valores para la vida y su supervivencia

Nuestra vida se destaca entre la abundancia y la escasez,
 aunque buscamos su equilibrio

Fuerza de buenas emociones para mitigar el dolor o la angustia

Fue solo una ilusión, y la ilusión pasa como una pequeña nube y
desaparece con el olvido

El pasado es una fotografía, es solo un grato recuerdo

El amor se concreta en dos mentes que se funden

Fui un hombre perdido por un sentimiento no correspondido

A la final amigo mi más sentido consejo es:
Tienes que dejar ir

Su mundo es tan frágil como ella, es de cristal, es una fantasía, es una
mentira, un bostezo de felicidad

Lo disfrute pero me sentí indigno, solo fui un objeto de su juego perfecto

No me dejare llevar por el que está descendiendo hacia el mal y la ruina.

Las personas cambian y las relaciones cambian

Para el hombre las cosas no son eternas, para Dios si

No es necesario apegarse al eterno dolor

A veces si sufres es porque quieres sufrir

No hay porque devanarse los sesos en cosas imposibles o causas vanas

El juego de las palabras te ayuda a ganar capacidad imaginativa

Ya sobrepase el agotamiento emocional

Ante tanta bruma tormentosa

Se espera el sosiego

JRJ me enseñó a amar la poesía

Poeta tú en tu sublime y radical soledad

Inspiraste a una generación de hombres de letras

Es ya demasiado tarde al pronunciar la frase insigne del amor fatal

Cuando llega y solo se percibe su encuentro

Ella se ha convertido para mí en una diosa a la que se ofrece el sacrificio del amor

Y se hace inalcanzable en su eterna belleza

La vida está repleta de aventuras llenas de alegrías y avatares y los dos hay que aceptarlas adustamente en el devenir de la existencia

Llega el momento en que lo más necesario es romper el vínculo, para que inicie el proceso de la sanación y de un saludable renacimiento

Buscad los analgésicos en Dios la religión los deportes en las aficiones en los amigos

La vida amplia nuestro umbral del dolor , pues nos vuelve resistentes, hasta que no es necesario sufrir.

Amar no es sinónimo de sufrir pues se ama con alegría y pasión, es el disfrute mismo

A medida que pasa el tiempo uno logra descubrir que la mayoría de los hechos y las personas no tienen sentido

Las malas relaciones nos roban la libertad y la autonomía la oportunidad de crecer como personas arruinan la vida emocional y afectiva nuestros

máximos valores, nos desdibujan y amargan

Están llenas de contradicciones e incoherencias que nublan la razón es un

mundo oscuro que oculta la bella luz del sol y la paz confortable de una

vida apacible

Las relaciones toxicas se desenvuelve en la locura y el dolor es una

constante siempre presente

Debe ser inminente el rompimiento total, para ver las cosas con más

claridad y poder alcanzar la madurez pues no se puede depender de ellas

solo por la debilidad y se mina la fortaleza y el daño de las virtudes

Una relación con ausencia significativa, con un despropósito y un sin

sentido

Las relaciones significativas aportan alegría y un valor afectivo apreciable

Desearía escribir versos llenos de emociones positivas

Que emulen el bello canto de las golondrinas

Que suenen al son de las apacibles olas del mar

Esta nostalgia me abruma y me destroza

El amor romántico es frágil

Me agobia la ansiedad de niño

Cada quien construye su propia cells (celda) al fusionar su pasado y su
presente

Solo en el dolor de la soledad se puede producir la mejor poesía
El poeta en el recorrido de ese largo camino
Se transforma en un ser magnánimo y brillante como el sol
Y en ese momento se libera de la esclavitud del sufrimiento

Notas de un bloc perdido

Un indicio de madurez es aceptar la ausencia de lo perdido

Cuando lo subjetivo se aleja de la realidad (Cuando la inconsciencia reina

sobre la conciencia)

me he vuelto un poeta loco

desde que mi orgullo se doblego ante tu belleza

al terminar una obra se ha creado una necesidad que no logra

satisfacerse y plantea de nuevo la posibilidad de empezar con otras ideas

se habla del juego del lenguaje y el juego de la interpretación

bajo la inspiración de Aquiles el guerrero espartano

deseamos conquistar mundos con el arma de la poesía.

la fatal persecución del yo ideal

que agota la imaginación

en el arte del preguntar se realiza el conocer

para los poetas la vida es peregrinar en la tierra

las personas desarrollan sus habilidades de acuerdo al ambiente en que se

desenvuelven

la ilusión como forma de combate ante los estados de angustia

ejercicios para la creación de un sistema filosófico

es donde la palabra encuentra su infinito espacio , y se pierde en la

transmutación de su significado (la palabra errante de Blanchot)

es la idea de la prosa la que germina la breve poesía

el determinismo y la formalidad en busca del Absoluto

naturalmente somos seres arcaicos

el arte que habrá de transformar las vida de las personas

que la poesía nos haga topar con lo que nunca habíamos indagado en el

infinito conocer

vivir en la frialdad es más cómodo porque se ha crecido en el desafecto

crecer en el cariño y el afecto es llenar de vigor la vida emotiva, y tomo la

decisión de emprender ese camino

el afecto al conocimiento no solo es importante, es más importante el

afecto hacia las personas

a uno solo regresa el cariño que se ha ofrecido

me deleito en la poesía oscura de Baudelaire
La poesía es el lloro del amor y la alegría de la vida
Solo a través de ella se expresan las emociones
De forma intensa

la conciencia del mal en Shakespeare y Kafka con El mundo como la
prisión del hombre .

la conciencia es solo una construcción metafísica

Cuestiones simples de la vida

Solo ante el dolor nos autoafirmamos

lo grande de un poeta es su expresión simple, desde lo trivial, las cosas con

la cual siempre tropezamos pero no nos detenemos a valorizarlas

Amar lo simple de la vida

El pensamiento da vida, y los nuevos pensamientos nos revivifican

El amor existe y el instante se diluye en el dolor

Madurez = estabilidad emocional+ responsabilidad (Consciente) + simpatía

Nunca vamos a acabar con la tarea porque nos hace falta más tiempo

Simples notas sobre el arte

la conciencia creadora aporta a partir de imágenes y figuras artísticas proyectadas bajo un mundo subjetivado un fenómeno estético que involucra un realismos desde un saber ilusorio, en el que el registro de marcas alegóricas señaladas por lo simbólico que genera el goce en el espectador

conocer el arte le brinda profundidad al alma

Planteamientos filosóficos para la discusión

Juegos de la mente, se busca el yo o se busca un abismo? (Nietzche)

en la escritura existe cierta opacidad

es vital acostumbrarse a lo ausente, a la perdida, lo que se hace inasible e

inalcanzable , para continuar con nuestras vidas

la filosofía anda en búsqueda de algunas imposibilidades, como pretender

darle respuesta a que es el ser.

el hombre de los placeres sencillos

Aun cuando halla fenecido

Desearía estar en paz con mis amigos

especialmente, con los más solitarios

esperaría poder dejado algo significativo en ellos

el amor es un macabro juego que la escritura no puede expresar

Aún sigo esperando tu presencia

aunque te siento más lejana

Me descompensan tus movimientos impredecibles y erráticos

como la dinámica natural

parece ser que la totalidad se escapa de nuestras manos

porque es una fatídica posibilidad querer abarcarlo todo

en tus formas oscuras trato de descubrir tu querer

Siempre te tengo presente en mis noches de insomnio

cavilando tratando de encontrar tu natural perfume

tratando de tomar tus formas como un sueño que se desvanece

Confesiones

Parece que cuando estoy escribiendo porque nos surgen las ideas

Me dejo atraer por la blancura del papel

En su blancura bullen las ideas

Cuando La duda puede ser compañera o enemiga de la razón

La paranoia que nace por estar atrapado por un deseo

Adentrado en un laberintico délfico donde las sombras se confunde con la

luz

Te perdí porque me deje llevar por las lecturas

Y me extravié en la soledad de la escritura

En aquella soledad que a veces abriga

Y en otras ocasiones te espanta

Tenemos que reconciliarnos con la vida con nuestros amores

Es necesario para seguir en paz el trayecto

Tenemos que reconciliarnos basta con sentir tanto rencor

Ese rencor que agobia el alma

Lo nuestro comenzó como una ilusión y termino en una ilusión

Nació de lo marchito hospedándose en la penumbra de la noche

Si no puedo reconciliarme con mi pasado debo abandonarlo

Para buscarle sentido al futuro que se acelera a su aproximación

Procuro desconectarme de los demonios del pasado que entorpece mi

vida

No es necesario llevar las cargas del pasado que me esclavizan

Si algún día me alcanza la locura, quisiera ser un poeta loco.

El corazón es lo más cándido y lo más oscuro

no te dejes lleva por las emociones como un niño racionaliza las cosas, no

te dejes debilitar por las emociones que siente un niño

ese niño que llora el adulto

Cuando lo muy deseado no llega

ME MIRA Y SE RIE DE MI

AUN CUANDO YO SOLO PENSABA EN ELLA

Siempre quedara mucho por escribir

en la literatura uno solo se interesa en los otros

El leerse uno mismo como forma de moldear la escritura en su propio estilo

La vida como una maquinaria incesante

Es una huella de vida, es el tiempo que transita

Y no deja de maquinar en un instante

Una fuerza cósmica avasallante

Que embota nuestras conciencias

Es un fuego que a veces se hace eterno y luego se desvanece

el mito se hace crónica -narración infinita en su ilusión

 y en medio de la fantasía creadora

En un olvido que se eterniza

Prolonga la ansiedad en el tiempo agónico

Que retorna a una memoria deslastrada por la multitud de sucesos
inesperados

Esos eventos singulares agotados

Es aquello que se nihiliza y se escinde, marchitándose acompasadamente

La misma existencia que la tenemos en nuestras manos y luego se apaga

Es La oportunidad de abrazarnos en medio del desgaste ocasionado por el sufrimiento aunque parezca lejano pues sabe a nostalgia pasajera

Son esos símbolos que nos identifican

Esos signos ininterpretados por la Teoría Semiótica

Parte de esos símbolos ambiguos y lejanos

Que brotan desde nuestro ser desde la soledad

Aún queda pendiente un saludo humano en medio de la penumbra

En la plena inocencia de la soledad

Atrapado ´por el abandono de las presencias

Una breve historia donde las palabras no se encuentran
Se tocan pero se niegan a aproximarse
Por la batalla de la permanencia de lo ausente
En la búsqueda de una coyuntura inconclusa
Donde las cosas ya se encuentran perdidas

En la que la nostalgia ya causa angustia

En la figuras que evocan el llanto

Lejanas en un tibio recuerdo aturdido

Al hacerse Siluetas que se difuminan

Bajo la sombra de las formas diluidas

Que dibujan un paisaje extraño y efímero

Comprendido por ciertas líneas dibujadas al azar

En una composición en espera eterna

En su definición aun no resuelta

Viviendo cerca del abismo donde las ideas navegan en la nada

Y hay cosas que por más que se quiera no se pueden escribir

Al compartir el espacio de lo inefable

Los sueños imposibles que se niegan a quebrarse

En la desesperación de la expresión inacabada

La locura cervantina se hace tema en un clásico literario

Palabra inacabada

Si me consumo, me consumiré mediante la palabra
Sucumbimos En una cierta muerte por la palabra

Nos perdemos por aquellas voces etéreas y apagadas en el tiempo

Gritos convertidos en Ecos hallados en nuestras proximidades

Pero que aún no avizoramos

En esa voz ausente que abruma con sus resonancias

Aunque no sea la correcta ni la que estábamos pensando

Aunque es mejor morir apasionado por el infinito

En el infinito de dónde venimos y hacia donde vamos

En la eternidad accesible de las ideas profundas

De aquella alma atormentada que se refugia en su mítica soledad

Una soledad pandémica construida en sus penas que le sabe a un vacío sideral

Quizás en la locura del análisis de lo indeterminado

Surge quedamente un gesto desde la inconciencia que gime y brota

Al obstruirse el pensamiento en la nada

La forma infinita

Unirnos a la forma de una curva que se pierde

En un gris que se difumina en varias capas oscuras y blancas

En una recurrente alternancia sobre la paleta de colores

Dibujada en el caos de sus contornos

En el umbral del máximo mundo cósmico cuántico

Donde el atractor del Lorenz lo absorbe todo

Donde la sabiduría de Einstein no nos puede orientar

Solo él nos guía con unas preguntas irresolutas y enigmáticas

Al surgir una serie de hipótesis debatibles que nos dejan confundidos

Aun nos orienta en las paradojas de Zenón pues sus teorías permanecen

En la inconsistencias de las metáforas que sostiene las principales premisas

Esa ciencia pagana lejos de lo divino

En una ontología inconmensurable por su abstracta profundidad

Que nos abandona levitando en la meditación de nuestra existencia

Al pretender despejarlas en unas interminables ecuaciones extrañas

Pero satisfechos al saber que pertenecemos a un mundo incomprensible

Y al ocupamos en el azaroso lugar de un universo ordenado

En la entropía que intentamos resolver y se nos escapa

Ya cansados de navegar en El más sórdido caos

Las líneas se entrecruzan y ya no vemos sus vértices

En esos infinitos puntos que proyectan su singularidad al estilo de Deleuze

Que estructuran el universo en su profunda inmanencia

Que nos atrapa y nos cuesta la trascendencia

Pues se vuelven infinitas asíntotas

O aquellas Líneas que se cruzan en lo lejano

Que se pierden en nuestra mirada

Andrés Sánchez Rosal

Actualmente es docente activo de la Universidad Pedagógica Experimental Libertador en Rubio, Venezuela. Investigador con publicaciones en revistas indexadas sobre temáticas de tecnología educativa y educación matemática. Con interés y afición en temas de la filosofía, literatura y psicología. Experiencia en asesoría de proyectos de tesis a nivel de maestría y doctorado en Educación.